창조문학대표시인선 • 210

여운이 기~인 메아리가 귀를 노크하다

무봉 김 기 욱 시집

창조문학사

□ 시인의 말

앉은뱅이 하늘에서 부슬부슬 가을비가 온종일이다.

색동옷에 곱게 꽃단장한 단풍잎들이 봄부터 지금까지 꼬오옥 잡고 있던 손을 놓기가 마냥 아쉽고 저미는 가슴 어찌할 바를 모르고 있다가 얼떨결에 손을 놓치고 만다.

서러워 끝내는 눈물을 흘리고, 이 모습 지켜보던 하늘님도 안타까운 마음에 눈물자국 씻어주려 가을비는 그렇게 내리는 날이다.

단풍이 그러하듯 이제 나도 온갖 탐욕스러움을 내려놓고 맑은 영혼으로 옷을 갈아입어야 할 때가 됐다는 대자연의 계시가 공명을 울리듯 귓전을 노크 한다.

사회인에서 자연인으로 귀화(?)했으니 이제까지와는 무엇이 달라도 다른 내 본래의 모습대로 살아가야할 텐데 그게 그리 쉽지만은 아닌 듯하다.

이제 세 살 박이 코흘리개가 하얀 백지 위에 투명한 자기의 영혼을 낙서하듯이 '시' 라고 하는 백지 위에다가 더도 덜도 말고 내 안에 담고 있는 것과, 그리고 내 안에 담고 있는 것만큼만 채워보렵니다

또

일상을 살아가면서 이런 저런 상념이 들기도 하고, 또 삶의 잔영과 회상이 활동사진이 되어 가슴으로 파고드는 것들을 퇴직을 하면서 '삶 · 배움 · 가르침' 이라고 제목을 붙여서 회고록(?)에 몇 수 담아놓았던 것들도 옮겨보았습니다

헌데 내 안에 것이 하도 보잘것없어서, 그리고 알맹이가 될 만한 것이 너무 조금이라서 부끄러움이 앞서기도 합니다.

'하지만 꾹 참고 용기를 내봐야 한다. 용기를!' 스스로 위로해 봅니다.

무봉 김 기 욱 시집

| 차 례 |

□ 시인의 말 … 3

제1부 "성주 생쥐요, 왜 덕적도 있잖아요."

"성주 생쥐요, 왜 덕적도 있잖아요." … 11
아이들이 아이들로 태어나는 때이다 … 12
우리학교에서 제일 좋은 놀이터다 … 13
어른도 아이이고 싶은 게다 … 14
어린이들이 옆에 있음에 … 15
쉬아 하러~~~ … 16
오늘 중학교에 보내는 날 … 17
꽃으로만 피어 있으면 하는 소망이다 … 18
빈 교실에서 … 20
선생님들께 … 21
아이들과 비둘기 1 … 22
아이들과 비둘기 2 … 23
평생 한번 밖에 들어보지 못한 말 … 24
어디로 가버렸어요 … 26
어린이와 참새 … 28
공과 친구들 … 29
국화와 천둥 … 31
국화꽃과 나와 어린이 … 33

제2부 똑똑똑……

똑똑똑…… … 37
오하마나 선상이다 … 39
수리산은 멋진 무대고 객석이다 … 40
그놈의 밤꽃향기에 미친 산! … 42
가슴이 시리도록 정겹다 … 43
치악 상고대를 걸으며 … 45

제3부 늙은 각시가 있어 정말 좋은 날이다

늙은 각시가 있어 정말 좋은 날이다 … 49
장 담그는 날 … 50
내 생애에 제일 큰 선물이 되었으면…… … 51
아내가 아픈 날 … 52
정민이도, 지어미도 다 자식이다 … 53
은총과 격려를 베풀어주신 분들께 큰절을…… … 54
첫손님 … 56
빙장어른을 이사 시켜드리고 … 57
첫손님 치송하면서 … 59
유택에 신방 꾸며드린 날 … 61
상추가 헤엄치던 날 … 63
세 돌 지난 어린아이 마음으로 …… … 65
바람님이 마실 간 날 … 66
공습경보 사이렌이 울렸다! … 68

제4부 뒷모습이 아름다워야 한다

뒷모습이 아름다워야 한다 … 71
불러주는 대로 가야 되겠지요 … 73
영혼도 마음도 허수아비였나 보다 … 75
보내주더라고요 그래서 그냥 살았거든요 … 76
사회인, 그리고 자연인으로 되나 봅니다 … 78
여운이 기~인 메아리가 귀를 노크하다 … 80
오늘 생각은 여기까지만 하자 … 81
100일주 한잔 하던 날 … 83
조물주의 헤아림에 감사하면서 … 84
나무 꼭닥지 만큼은커녕 … 86

제5부 친구의 유택 자랑

친구의 유택 자랑 … 89
하늘의 울림 … 90
무엇이 그리 바빴지? … 92
오~! 컨파스여! … 93
오늘, 그리고 오늘! … 94
그렇게 살려고 애를 써봐야지! … 95
친구 둘을 만났다 … 97
내 생애 가장 아름다운 꿈 … 98
세월! … 100
모기가 북두칠성을 … 101
지금부터 나는 걸어 다니는 박물관이 된 것이다 … 102
조물주의 유일한 작품 … 103

제6부 눈도 지각 하나요?

눈도 지각 하나요? … 107
모자 쓰고 이불 덮은 날 … 108
눈 … 109
나목 … 110
매화 … 111
사월이 돌아오겠지! … 112
황매산 철쭉 … 114
진객이 오시다 … 115
동백꽃 … 116
봄날에 … 117
사진 박아놓던 음향 이었든가 보다 … 118
지금은 시월이네요 … 119
그래봐야 일보 백보구먼…… … 120
태 풍 … 121
차라리 장승이었으면 좋겠다 … 123

□ 시집평 … 124

제 1 부

"성주 생쥐요, 왜 덕적도 있잖아요."

"성주 생쥐요, 왜 덕적도 있잖아요."

(창조문학 제84회 시부문 신인문학상 수상작)

"여보세요?"
네 김기욱 입니다
"선생님 저요"
우물쭈물, 누군지~~~?
"성주 생쥐요, 왜 덕적도 있잖아요."
가물가물 감이 잡힌다.
그러니까
내 교작생활 첫 발령 받고
그 때 가르쳤던 학생
그게 42년 만의 목소리 상봉이다
그 아이(?)도 이제 50줄에 들어섰다
시간 나면 소주 사 준단다
아이고머니 좋아라!
이게 바로 횡재가 아니고 뭐람
그리고 고맙다
아주 많이, 많이

아이들이 아이들로 태어나는 때이다

넓디넓은 운동장에 하얀 요를 깔아놓았다
그것도 아주 두툼한 요를,
요 위에서 신나는 것은 아이들뿐이다
혼자서 떼굴떼굴 구르는 아이들
벌러덩 누어 큰 대자 쓰는 아이들
눈사람을 만드는 아이들
핸드폰에 설경을 담는 아이들
이글루를 짓고 있는 아이들
아이들, 아이들, ……
아이들과 눈은 한통속이고
아이들이 아이들로 태어나는 때이다
새하얀 눈을 닮은 아이들!

우리학교에서 제일 좋은 놀이터다

도서실,
우리학교에서 제일 좋은 놀이터다

시원하지요
올망졸망 꽃들이 뽐내고

아가들은 책마루에서
아프리카 동물 나라로

두리번두리번, 엄마들은
요놈 요기에 숨어있었네

언니
형아들은
독서 삼매경에 빠져서 허우적거리고

그러는 사이에
머리는 가분수로
몸과 마음은 새가된다

어른도 아이이고 싶은 게다

오늘 아침
아주 짙게 끼었다
한 치 앞도 볼 수 없다
섣달에 왠 안개가

첫 아이를 둔 아버지가 내 방으로 들어왔다
"안녕 하세요"
네, 선생님 어서 오세요

점퍼주머니에서 버스럭 버스럭
백무리 한 덩어리 불쑥 내밀다
잡수세요

왠 떡?
"제 아들 백일 이었어요"
네, 축하 합니다

만원 한 장 건넸다
"고맙습니다", 꾸벅
그리고 종종걸음 친다

어른도 아이이고 싶은 게다!

어린이들이 옆에 있음에

(2010 송현 학교신문 기고)

어린이들이 옆에 있음에
행복
보람
기쁨 이었습니다

어린이들이 옆에 있음에
고뇌
가슴 알이
안타까움 이었습니다

어린이들이 옆에 있음에
힘
용기
땀 흘림 이었습니다

어린이들은
요술쟁이 이고
복덩어리 이고
희망입니다

쉬아 하러~~~

지금은 겨울방학 한가운데
사방이 조용하다
교무실 복도에서
마주쳤다
일학년 학생이나 됐을까
왜 왔어요?
쉬아 하러
그리고 힐끔
천사가 따로 있나싶다
이 또한 우리학교 도서관이 주는 재미다

오늘 중학교에 보내는 날

가슴이 콩닥콩닥 두근두근
벅차오르는 가슴 안절부절
내 자식 둘 중학교 보낼 때다
20년 쯤 후에
인재가 되어
모두가 제 위치에서
제몫을 다하는
땀 흘리는 모습을 그려보니 그렇다
내 교직생활 동안 끝으로
우리 어린이들을
오늘 중학교에 보내는 날이다

빛나는 눈망울을 갖은 얼굴, 얼굴들!

꽃으로만 피어 있으면 하는 소망이다

영미가 시집을 갔다
사월 스무여드레
오늘

스무 두해 전
열 살 박이, 내가 가르친 어린이(?)다

답답함을 참지 못해서 일까
서릿발 머리에 이고
바람꽃, 노루귀가 가장 먼저 세상을 나섰다
뒤를 이어 애기똥풀, 현호가 방긋
풀꽃에 질세라
목련, 개나리, 진달래, 벚꽃이 ……
함박웃음이다
동장군과 맞서는 동백까지도

어제도, 오늘도, 내일도
철이 바뀌면 바뀌는 대로
그렇게
꽃은 소우주가 된다

영미도 소우주의 영혼인 한
그렇게
꽃으로만 피어 있으면 하는 소망이다

빈 교실에서

따뜻함이 있어 정감이 어리는 오후
주변이 비어있음에
오히려 여유러움이 멋을 부리는 오후
그래서 책장도 뒤적여보고
 마음도 뒤적여 보고
그러다 결국엔
차 한 잔에
얼굴만 띄워보고 맙니다.

선생님들께

그냥 또 그렇게 가시는군요
축하는 드리지만
아무 것도 드릴 것이 없는 자신이
그저 부끄러울 뿐입니다
행운과 행복이 언제나 가득 하세요

아이들과 비둘기 1

햇살 퍼지고
열린 교문으로
아이들은 하나 둘

이때쯤이면

빨간 벽돌집
스레트 용마루 위에
한 줄로 늘어선 근위병들이

배꼽을 쥐고 뒹군다

어허, 눈꼽이
아니, 머리가 누렁지잖아
야, 볼에 침 흘린 자국도
……

하지만
아이들도
근위병들도
여전히
오늘도 어제다

아이들과 비둘기 2

해가 저물어갈 무렵
해맑던 개구장이들이
석양과 함께 고요 속으로 묻혀버린
그래서, 텅 빈 운동장에서
비둘기 부부만이 바쁘다
무엇을 줍나 했더니
아이들이 흘리고 간
먼 훗날의 것들을 ……
담아, 담아서
고운 정 미운 정 든 친구들에게
선물을 하려나 보다

평생 한번 밖에 들어보지 못한 말

흐림
비
지루한 가을 날씨가 돼버렸다

그런 와중에도
노란 국화꽃은
올해도 마찬가지다

교사(校舍) 앞 통로에서
소담스런
국화꽃 화분을 가지고 뒤시럭을 떨다

공부 파하고
배운 지혜 한 아름 안고
집에 가면서

정말 예뻐요!
이거 다 어디서 났어요?
힘드시지요?

지나가는 어린이들에게
한마디 던져본다
얼마만큼 예뻐요?

“많이요”
“하늘 땅 만큼요”
“이만큼요”

3학년이나 됐을까
마음씨도 말씨도
꽃보다 더 예쁜 아이

“교장선생님 만큼요!”
생글생글
총총총……

어디로 가버렸어요

어제는
새벽녘부터 내렸다
서너 시까지 쉬지도 않고

우리 군사들
좋아라 미끄럼도 타고
호호 손 불며 운동장에 눈사람도 세우고

그리고 오늘
한 군사의 표정이
영 시무룩하다

왜
무슨 일이 있어요?
네, 글쎄요

응, 말 해봐요

저기요,
내 눈사람이
어디로 가버렸어요!

한 마디 말도 없이요……

그래,
이산가족 찾기라도 해야 하겠구나

거 참!

어린이와 참새

화단가 밀밭 길
이른 아침
등교하다 말고
발길을 멈춘다
무엇하나 보면
참새와 눈싸움을 한다
그러다가
꾸러기가
무어라 쭝얼쭝얼
그러면
메롱~ 눈곱도……
어~ 너 죽을래, 팔 휘두르면
메롱~ 푸드득~
한 발작 옮겨 소나무 가지사이로~
어~ 이게,
까불면 죽을 줄 알아!
약이 오른 아이들
그저
씨~익, 씩~~~
하지만
언제나 참새가 한판승이다

공과 친구들

글쎄!
나 원 참!

수업 파하고
남자 아이들이
신나라, 좋아라 죽겠단다
이친구가 뻥 저친구가 뻥
너도 나도 인정 사정 없이
뻥 뻥~!
그럴 때면
여기로 떼구르르 저기로 떼구르르
머리가 빙~ 빙! 돌 정도로
그 넓은 운동장 구석구석을 누벼야 한다

그렇게 정신없이 놀던 친구들과 함께 하다가
시간도, 나도
갑작스레 멈추어 섰다
한 친구도 남지 않고 종종걸음을 친다
모두가 교문 밖을 빠져나갔다

오후의 땡볕도 제법인데

정막감이 감도는 운동장!

나만 혼자다
에이
참! 얄미운 친구들이야!

국화와 천둥

언제나 그 자리에서
오는 친구들 가는 친구들 바라보며

그 친구들의 마음을
평온으로
기쁨이로
즐거움으로

그 친구들의 마음을
사랑으로
넉넉함으로
여유로움으로

채워주고
보듬어주고
하던 그 국화꽃인데

어제 저녁
무엇이 심술이 났는지

번쩍

우르르 쾅!
버~ 번쩍
찌~직 찍 우르르 쾅!
좌~아악, 좍!
여기에 바람까지 세차더니

그렇게 밤이 지나고
동녘에서는 어제와 같은 햇살이……

그렇게 서있던 국화꽃이
땅을 보고서 하나같이
머리를 조아리고 풀이 죽어 서있었다.

나도 친구들도………!?

국화꽃과 나와 어린이

등굣길
천둥 맞은 국화꽃 길
그 꽃길에서 오학년 어린이를 만났다
“교장선생님~~! 안녕하세요.”
“그런데요?”
으~~ 응, 왜?
“그런데 이 꽃들이 왜 이렇게 됐어요?”
그건 꽃한테 물어봐야지,
“꽃한테요” ,
응 꽃한테
“에이 꽃이 어떻게 얘기하지요?”
왜?
어제 그제 저녁에
번갯불이 버~ 언 쩍
천둥이 찌~직 찍 우르르 쾅!
그래서 그만
놀라고 말았지, 그리고 심장이 멎었거든
그래서 기진맥진하여 추~ 욱 늘어졌단다.
“어~! 교장선생님이 그걸 어떻게 아세요.”
응, 지금 말 하지 않아
“어, 어, 난 안 들리는데, 국화꽃이 그렇게 말했어요?”

응
“그럼 교장선생님은 꽃하고도 얘기 나누세요?”
그럼, 너도 자~ 알 들어봐
너도 들을 수 있을걸
“아뇨, 아무 말도 들리지 않아요.”
그럴 리가 있나?
그러니까
평소에 꽃을 아주 많이 사랑해야지
“아~, 그러면 들리는구나,”
“이제부터
저도 말이 들릴 때까지
꽃을 사랑해볼게요”
어이고 착한데
꼬오~ 옥, 그렇게 해 보렴
그리고 헤어졌다, 현관에서

제 2 부

똑똑똑……

똑똑똑……

(창조문학 제84회 시부문 신인문학상 수상작)

겨우내
봄의 문턱에서까지
그렇게나
힘들게 꼼짝도 않 하더니만
어제 밤
세차게 그리고 심술궂게
요동을 치더니
날이 밝으면서
얌전해졌다

아침 문학산 숲
생강나무는 모두가 노랑병아리다
진달래는 참새 눈알만큼 이고
어떤 놈은 언년이 젖꼭지다
똑똑똑……
누굴 깨우는 소리였나 했더니
바로 생강나무와 진달래
잠 깨우는 소리였나 보다

잎눈이 터져 새 혓바닥만큼씩
잎새가 돋아났다

똑똑똑……
누굴 깨우는 소리였나 했더니
찔레나무
이름도 모르는 키 작은 나무들
잠 깨우는 소리였나 보다

내 발자국 소리에………?

오하마나 선상이다

제주도 행
오하마나 선상이다

태평양의 여명
그리고 태양의 솟음

길을 열어주고
방향을 잡아주고
트인 시야를 ……
그리고
열정어린 발걸음을 떼라고 알려준다

이렇게 큰 선물을 안겨주다니
이 또한 행복이 아닌가!

수리산은 멋진 무대고 객석이다

수리산은 조그마한 산이다
온갖 미물들의 마음에 평온을 주고
삶의 찌들음에 여유를 주는 산

지금은 군무의 향연이 한창이다
연두빛 바다의 무대 위에서
알록달록 흐드러진 뭉게구름의 향연에
군상들의 혼을 홀랑 빼앗아가는 산

새들이 사랑 놀음 하는 산
더위에 그늘 주고
목마름에 물을 준다
날짐승들의 물레방아간이 돼주는 산

다람쥐가 숨바꼭질 하는 산
밤 도토리 다래를 주며
졸음에 잠자리를 준다
아기 다람쥐 놀이터가 되어주는 산

산토끼가 발자국 남기는 산
무료함에 썰매 타게 하고

추울 때 이불을 덮어주는 산
산토끼의 혼을 홀랑 빼앗아버리는 산

수리산은 멋진 무대고 객석이다

그놈의 밤꽃향기에 미친 산!

오월의 꽃무리가 한물지더니
유월, 밤꽃의 계절
온 산이 밤꽃 향기에 흠뻑 젖었다
정액, 그 독특한 향에 취한
온갖 산새가 사랑 놀음에 빠져들었다
그것도
백주대낮 길가에서
내가 지나가도 알아채지도 못하고
엎치락뒤치락 ……
헛기침을 하여도 본숭만숭
그냥 좋기만 하다
내 가슴마저도 콩닥콩닥

그놈의 밤꽃향기에 미친 산!

가슴이 시리도록 정겹다

지리산 등반을 하기로 했다
철도 좋고
나 자신 시험도 해보고 싶고,

계획도 세워보았다
칠십대 중반쯤에 다시 한 번 올라서
나를 시험해보기로

앞으로 몇 번의 시험이 가능할 것인지?

가는 길목에
지리산 자락에 뿌리를 내린
올망졸망한 마을마다
감나무다
개울가와 산기슭에도
버스 정류장과 길 따라 빈터마다
고즈넉한 담장과 마당가에도
온통 감나무다

공간이 온통 빨강색 점들이다
푸른 옷자락 모두 벗어던졌으니

하나같이 누드다

어찌나 부끄러움인지
볼마다 홍조를 띄우고
제자리에 서있는 그네들이
가슴이 시리도록 정겹다

치악산 상고대를 걸으며

눈도 제법 쌓였다
하기는
기온이 벌써 영하권을 넘나드니

풀도 나무도
그리고 온갖 벌레들하며
얼어 죽으면 큰일이니
하얀 솜이불 덮어
따슨 겨울 날 수 있으라고

옷을 홀랑 벗은 나뭇가지들
서리가 이불을 덮어주었다

산길을 걸어도
포근함이
내 마음을 감싸는 것은
조물주의 이런 헤아림 때문일 것이다

제 3 부

늙은 각시가 있어 정말 좋은 날이다

늙은 각시가 있어 정말 좋은 날이다

부산스럽게 창을 두들겨댄다
그러다간 어루만지기도 하고
그도 아니면 장난기 섞인 노크도 해 본다

이에
조명과 음향이 빠지면 멋이 없단다
그래서 버~언쩍 번쩍, ~~ 찌지~ 직 우르르 쾅

여보! 이런 날씨에는 소주 한 잔이……

그런데 뭐가 있어야지요?
응~, 김치면 됐지
풋고추도 있을 걸,

그럼
계란이라도 하나 부쳐드릴까요?
뭐~, 번거롭게

정말 맛있는 한 잔이다
늙은 각시의 맛이 가미 됐나보다
그래서 조광지처가 아닌가!

늙은 각시가 있어 정말 좋은 날이다

장 담그는 날

큰일을 했다
장을 담갔다
3일전 풀어놓은 소금물
맑게 걸러서 장독에 붓고
정갈하게 씻어 말린 메주 세 덩어리
소금물에 띄웠다
잘 씻어 말린
대추 다섯 알, 숯 다섯 덩어리, 고추 다섯, 참깨 한 웅 큼
친구 하라고 함께 넣어준다
이제 사십일쯤 후면
맛있는 간장 된장이 되어
우리집 밥상 한 자리 차지할 것이다
혓바닥이 좋아라
춤을 추겠지!

내 생애에 제일 큰 선물이 되었으면……

최지민 정민이는 외손자다
지민이는 초등학교 2학년, 정민이는 내년에 유치원 간다.

이월 그믐 퇴직을 하면서
귀염둥이 두 손자에게 선물을 주고 싶다

눈 딱 감고
퇴직수당 나온 데서
두 녀석 학자금 종자돈으로
오백만원짜리 정기예금 통장 하나씩 만들어 주었다

국가 경제에도 도움이 되리라 믿어진다(?).

용돈 수입 열심히 붙여서
대학 들어갈 때
값지게 썼으면 좋겠다.

그래서 내 생애에 제일 큰 선물이 되었으면……

아내가 아픈 날

걱정이다
신랑 퇴직 시켜준다고 힘들었나 보다
아내가 심한 몸살과 감기다
어제 밤 내내 끙끙대고 앓았다
오늘 하루도 일상이 힘들만큼 아파했다
그래도 다행인 것은
혼자가 아니고
나도 같이 몸살과 감기다
혼자 아픈 것 보다는
둘이 아픈 게 좀 낫지 않을까 싶어서다

정민이도, 지어미도 다 자식이다

본색을 드러냈다, 장마가
세상은 온통 난리다
걱정도 되고 하여 전화를 걸었다

그래, 유아원 잘 다녀왔어?
"네"
비 다 맞았겠네?
"네, 아주 홀딱 맞았어요."
엄만는?
"글쎄요, 집에 다 오니까 나왔어요."
그래서 비 홀딱 맞았구나?
"네"
엄마 좀 바꿔봐
"네"
그리고…………

야! 왜 정민이 비 홀딱 맞게 했어?
"네?, 그럴 리가요."
"제 놈이 무슨 비를 맞아요."

이거 왠, ……!?
정민이도, 지어미도 다 자식이다

은총과 격려를 베풀어주신 분들께 큰절을……

늙은 어머니가 계셨습니다
허리는 굽고
지팡이에 의지해서
종종걸음을 치던 그런 어머니 이셨습니다

그런 어머니가

하늘나라
아주!, 아주! 좋은 곳으로
기축년 섣달 열엿새 날
당신만의 집으로 이사를 하시던 날

저희
자식들은
너무나도 큰
충격이고 슬픔이었습니다.

하지만

많은 분들께서
물심양면으로 도와주시고

격려해주셔서
어머님을 편안하게 잘 모셔드렸습니다

베풀어주신 은총과 애정에
저희 열 남매 죄인들의
고맙고 감사한 마음을
한데 모아서 이렇게 전해드립니다

감사합니다! 고맙습니다!

첫손님

올 해
벌써 열흘이 지나갔다
그리고
생각지도 않은 첫 손님이 왔다
담금질 시키느라 찾아왔나보다
이렇게 다지고 다져지면
또 한해는 보낼 수 있지 않을까?
메가톤급 독감
이번 독감은 이름도 없나보다
지금까지 내가 맞은 손님 중 최고의 손님이다

빙장어른을 이사 시켜드리고

좁쌀 한 알갱이의 몇 억 만분의 일 밖에 안 되는
체구를 가지고
우주의 품에서
1세기 하고도 1년을 넘도록 갖은 풍상과 희로애락을 감내하면서
이 세상에 오셔서 살던
한 노인이 계셨습니다

그러다
그 노인은
삶의 짐을 훌훌 털어버리고
이천 팔년 하고도 팔월 삼십 날!
이 세상과의 연을 끊고
임시로 기거하던 주택에서
영원한 자신의 유택으로 이사를 하셨습니다

이사 가는 길
모두 모두 와 주셔서
격려의 한 말씀
위로의 한 말씀
망자에 대한 추모의 한 말씀
말씀, 말씀이 모두 다

못난 자손들에게는
무한한 위로와 평온으로 돌아와
이사 시켜드리는 데
아주 큰 힘이 되었습니다

이렇게
고개 숙여
큰 절을 드리옵니다

첫손님 치송하면서

온 손님
배웅을 해야 할 텐데
아직도 미련이 남았는지
갈 채비를 차리지 않고 있다

천정이 빙빙 돌고
마디마디 관절은 뒤틀리는 듯 쑤시고
발끝부터 머리끝까지 온갖 살덩이는
바람만 스쳐도 자지러지게 아프다

이런 손님 치송하느라
아내가 혼났다
병원으로 약국으로
종일 주방에서 요리했다

조물주께 여쭈었더니
글쎄 그게 다
인연을 확인시켜주고
믿음을 확고하게 다져주어
천년만년 함께 살아가라고
………

하지만
나도 아내도
지불한 대가가 너무나 크다
역시 메가톤급 손님에게는
메가톤급 지불을 해야하나보다

유택에 신방 꾸며드린 날

네 분 중
한 분
장모님께서 오셨던 우주로 가셨다
칠월 초 이레날 밤에

먼저 가신 신랑을
그토록
그리워하시더니
꼭 세 해 되는 바로 그 달
열흘을 남겨두고

신랑 곁으로 가신 것이다

오늘
신랑 유택을
다시 손을 보고
도배를 해서
신방을 꾸며 드렸다

신랑 각시 세 해만에 만나
마냥 좋아라

어찌할 줄 모르는
두 양주를 생각하니……

그리고 이제는 우리 차례다
정말 기대가 된다
그 날의 순간이!

상추가 헤엄치던 날

지민이는
이제 유월이 되면 네 돌

식구들
저녁상머리에 둘러앉고

한 자리 차지한 지민이

물은 주르륵~
상추 한 이파리 잡더니만
중얼 중얼……

첨벙첨벙 헤엄치네,

지민아 무어라고?

응
상추가
첨벙 첨벙 헤엄치네,

또 한 잎파리 잡더니만

응~ 이놈도 첨벙 첨벙……

그리고
밥 한 숟가락
퍼 넣고

오물오물

까르르……
밥상머리 식구들

세 돌 지난 어린아이 마음으로 ……

퇴근 하고 집에 갔더니
아내는
신발도 벗기 전에
글쎄 우리 지민이 좀 봐요
할머니! 할머니!
응, 왜?
불꽃놀이 하네!
불꽃놀이!
응, 이건 번개불이야
아닌데, 불꽃놀인데!?
그 시간
밖에는
세찬 바람
하늘이 찢어질 듯
벼락치는 소리
삼월 하고는
보기 힘든 날씨다
내가 쓰기 힘든 시를
유월이면 네 돌인
지민이가 써냈다!
누구든 다
돌아갔으면 좋겠다
세 돌 지난 어린아이 마음으로……

바람님이 마실 간 날

찐다 쪄
삼복도 이미 지나고
처서도 지났건만

저녁 먹고
땅거미 질 무렵
운동장 숲으로 산보를 나갔다

할아버지!
응

바람님이 마실갔나
옆집에
글쎄다

회사 가서 안돌아왔나
일이 많아서
글쎄다

아니야
바람님도 어디 산보 갔나 봐

그럴까

지민
바람님 빨리 오세요
빨리요!

그래, 이제 곧 오겠지!
아니, 저만치서 오고 있을 거야
바람님도 지민이 보고 싶을 테니까

공습경보 사이렌이 울렸다!

우리 정민이는 두 돌 남짓
바로 윗층에 산다
저희 형아 아프고
오메는 형아 병간호 하고
아베 회사가면서
아래층 할아베 하고 있으라고
데려다 놓았다
창가에 서서
대문만 바라보고
말도 없이
입이 아주 잔뜩 부어있었다
정민아~!, 정민아~!
왜 그러지
뭐 해줄까?
한참 만에
몰라! 한 마디였다
그렇게 시간은 흘렀고
그리고는
공습경보 사이렌이 울렸다
두 돌 아이한테도
용솟음치는
분화구는 있나보다

제 4 부

뒷모습이 아름다워야 한다

뒷모습이 아름다워야 한다

퇴직한 교장들 모임이 있단다
문자로, 문서로
수도 없이 많이 보내왔다
꼬오옥 참석을 하라고

2월 그믐 퇴직하고
몇 날 되지도 안는 동안
많은 생각들을 하게 해주었다

그리고 차부로 나갔다

전에 보든 분들이다
한 분 한 분이 떠올랐다
모두가 그림자가 되어서 스쳐지나갔다

누가 처음 생각해 냈는지는 모르지만
사람은
"뒷모습이 아름다워야 한다"고 했다

"뒷모습이 아름다워야 한다."는 그 말
오늘에서야
알 듯 하였다

그럼 내 뒷모습은?!

불러주는 대로 가야 되겠지요

보내주어서 온 사람이니
이제는
불러주는 대로 가야 되겠지요

산에서 불러주면 산으로
바다나 강에서 불러주면 바다나 강으로
사회에서 불러주면 사회로
사람이 불러주면 불러주는 사람한테로
그리고 또 ……
그렇다손 치더라도 마다할 수 없는 노릇이 아닐까요?

그래서 뒤돌아보았더니
부족함이 많았고
부끄러움의 잔영도 진하며
부덕함
무지함
넉넉하지 못함
순수성도, 열정도, 지혜로움도……
모두 다 그냥 그렇거든요 하지만 별 도리가 없는 노릇이고

그래서 우리 선조님네들 께서는

사람은 다 타고 난다 하시질 않았든가
팔자가 그렇고
이름값이 그렇고
부귀와 영화도 그렇고
사람과의 인연은 물론이고
우주 만물 모든 사물하고의 인연도 그렇고
삼신할메가 다시 불러주는 것 또한 그럴진대
하물며 나와 나는 더더욱……

그래서 말인데요
조금만 더
고뇌를 즐겨보고
고독을 씹어보고
맵고 쓴 맛의 향연에
황홀감을 만끽해 보렵니다.

영혼도 마음도 허수아비였나 보다

중앙공원
저녁 산책하는 공원이다
오늘도 언제나처럼 저녁에 산책이다
매일 걷던 공원인데
좀씀바귀의 앙징스런 꽃이 지천이다
어어~~~~,
크로버 제비꽃 민들레 냉이에 철쭉이며
이제 막 봉오리를 터뜨리는 산수국 ………까지
식구들이 참 많다
막내 회화나무는 이제 막 싹을 틔우고
얼마 전 벚꽃이 한물이더니
이제야 제 모습을 보게 됐다
그동안
육신만 허둥대고
영혼도 마음도 허수아비였나 보다

보내주더라고요 그래서 그냥 살았거든요

그러니까
예순 하고도 네 해 전 어느 따스한 초봄에
삼신 할메가
세상에 나가 살아보라고 그래서
그냥 '네' 하고
보내준 대로 와서 살았지요.

그리고는
남들 크는 대로 컸고
남들 배우는 대로 배웠고
그래서
추울 때 추운 것을
더울 때 더운 것을
따뜻할 때 따스함을
맑고 싱그러울 때는 청량감을 알게도 됐고

이러는 동안에
세월은 쉬지도 않고 그저 묵묵히 흘러만 갔고
그러다 보니
삼신 할메는
연을 맺어주고

나더러 아이를
내 보내라 하고
학교에 가서
다른 삼신 할메가 보낸
아이들을 돌보라 했어요

그래서 또 '네' 하고는
그렇게
보내준 대로 살은지
어느덧 예순 하고도 네 해가 흘러가는 동안
남아있는 자료와
어렴풋하게 떠오르는 것들을 모아서 엮어보았는데,
역시,
쑥스럽기도 하고 부끄러움이 앞장을 서네요.

사회인, 그리고 자연인으로 되나 봅니다

이제는 때가 왔다
옷을 벗어야 할 때가

아홉살에 초등학교에 입학해서
오늘, 현재까지 단 한 번도
학교 울타리를 벗어나지 못 했었는데
오십 하고도 육년 만에
학교라고 하는 울타리를 벗어나
사회인, 그리고 자연인으로 되나 보다

돌이켜보면
어떤 학부모님께서는 애정어린 독려로
또
어떤 학부님께서는 관심과 격려로
용기를 주고 힘을 북돋아주었기에
우리 어린이들과 맘껏 어우러져서
소신을 갖고 열정을 불태울 수 있었다

오늘 이렇게
어리광 부리고
열정적으로 땀을 흘리고

함께 웃고 우는
해맑은 우리 어린이들이
있었기에
기쁜 마음으로 학교사회를
떠날 수 있지 않나 싶다

앞으로도
어린이들 향한 애정과 관심이 지금과 똑같이
식지 않는
용광로였으면 하고 ……

여운이 기~인 메아리가 귀를 노크하다

(창조문학 제84회 시부문 신인문학상 수상작)

2월 퇴직을 하고
3월 한 달 동안,
머릿속이 캄캄하고 하얗게 됐다
그리고
5월이 가까워지면서
체면에서 풀려났다
동면에서 깨어나는 곰과 같이
아주 느리게 긴 기지개를 켜보았다
그동안에 걸쳤던 껍데기들을 이제는
훌훌 벗어던지고
나를 찾아 맞춤이 되는 그런 옷을 걸쳐야 한다
이제
한 구멍 한 구멍
어긋나지 않게 단추를 잘 끼워가야 한다고……
여운이 기~인 메아리가 귀를 노크 하다

오늘 생각은 여기까지만이다

그래,
그러니까 꼭 15년 전
함께 근무하던 현정 선생님께서
토요일, 오늘
맛있는 점심 사준다고 약속을 하래서 약속을 했다
근데, 복장이 자꾸만 고민이다
졸업을 하니 별게 다 신경을 쓰게 만든다.

한 방에 해결해주었다

슬프다
하철 선배가 돌아가셨다는 부음이다
잘 알고 지내던 선배다

약속한 선생님을 만나서
맛있는 점심도 먹었고
정담도 나누었다

그리고
그 분,
마지막 가는 길

배웅하러 갔다

오늘
생각은 여기까지만 이다

100일주 한잔 하던 날

퇴직 하고서
꼭
100번 자고
100번 일어났다
허나
굳어진 영혼은
아직도 깨어날 생각은 안하고
그래도 아주, 아주 조금은……

오늘은
자작 100일주 한잔 하고
이야기도 나누어보았다
나하고 그리고 나 하고!
식구도 친구도 있지만
그냥 그렇게 하고 싶었다.

100점은 아니지만 낙제점수도 아닌 듯싶다

조물주의 헤아림에 감사하면서

그냥 걸었습니다.

하늘은 잔뜩 가라앉아 있고
바람은 이웃 마을 장에 가고
우두둑 우두둑
빗줄기만이
떡갈잎 상수리잎을 현 삼아
우수에 젖은 노래를 켜고

만물이 멈추어 정지된 산중
날짐승, 들짐승
한가로움에 넋을 잃고
그리고
내 심장은 멈춰 섰고

영혼마저도 육신을 떠난
나
그저 빈껍데기만이
걸어가고 있을 뿐이었습니다.

오늘

지금
이런 시간을 마련해 준
조물주의 헤아림에 감사하면서.

나무 꼭닥지 만큼은커녕

운동장에서
새벽 뜀뛰기를 한다
문득
하늘이 높다

내가
덕을 저만큼만 쌓을 수 있다면

언덕 숲
아카시아 꼭닥지에서
휘파람새가……

하늘은커녕
이 나무 꼭닥지 만큼만 쌓아도……,

그러고 보니
그게 글쎄
나무 꼭닥지 만큼은커녕
아직도 땅바닥에 질 뭉개져 있더라고요
?!?!?!…

제 5 부

친구의 유택 자랑

친구의 유택 자랑

(창조문학 제84회 시부문 신인문학상 수상작)

청량산 기슭
조그마한 절간이 자리 잡고 있다

청량산에 올랐다가
하산 길에 이 절간을 들렀다
절간에 가서
여기에 제 집이 있단다
안에 들어가 보니
깨끗하고 안락한 느낌이 들었다

친 자식도, 사위 며느리한테도 아직 미공개 된 집
그러니까 나한테 최초로 공개한
저만의 집

아직은
집도 절도 없지만
나도
이제 정리해야 할 시점에 와 있음을
일깨워 주는 친구가 있어
좋다

하늘의 울림

작금의 세태가 하도 지저분하고
그래서 온갖 수단만 난무 하고
진실 됨, 성실, 정, 땀 흘림…… 은
다 어디로 여행을 보냈을까!
차라리, 아주 어려웠든 그 옛날이 그리울 때다

얼마나 보기가 거북살스러웠으면
이 강토 한 곳도 빠트리지 않고 모두를
은백의 가루로 덮어버렸을까

그래도, 그걸 알아차리지 못하니
어제 밤부터 오늘 낮까지 잠시도 쉬지 않고
세태의 때를 씻어내려 겨울비는
그토록 애를 썼나 보다

그래도, 씻겨질 생각을 안 하니
아예 보이지 않게 하려고,
그래서 한 치 앞도 볼 수 없게
안개를 덮느라
하루 종일 그렇게 애를 썼나보다

쇠귀에 경을 읽고
돼지에 보석을 던져주고
그런 꼴이니
차라리 내가 귀먹고 눈머는 게……

오늘은 2010년 정월 스무날
하늘의 큰 울림이 귓전에 맴돈다.

무엇이 그리 바빴는지?

틈나는 대로 써본다 해놓고는
지금까지 까마득히
잊고 있었다.

앞으로는
자주
써보는 기회를 찾아야겠다.

근데
무슨 날씨가 이렇지?
잔뜩 찌푸린 하늘에
왠 바람은 그리 심란하게 불어대는지

스피커에서 흘러나오는
피아노 선율만이
스산한 마음을 그나마 가라앉게 해주는 날이다

오~! 컨파스여!

간판을 때리고
가로수도 들었다 놓아보고
바닷물을 뒤집어놓고
하늘길, 바다길, 땅길을
모두모두 꽁꽁 묶어놓고
사람들은 우왕좌왕
허둥대는 나약함을 드러내고
이참에
그런 힘으로
인간의 사악함도 모두 다 쓸어갔으면……

오~! 컨파스여!

오늘, 그리고 오늘!

하늘이 내 머리에 닿을 듯싶다
눈이라도, 비라도 ……
잔뜩 가라앉아 있다

아직은
불타는 나무도 있고
이미
옷을 다 벗어버린 나무도 있다

나도
꼭
오늘이다

오늘, 그리고 오늘!

그렇게 살려고 애를 써봐야지!

내가 두 번 태어나게 하다
솔내음 이진호 교수

첫 번째는 부모님한테서 김기욱으로
두 번째는 친구 솔내음한테서 무봉으로

삶 배움 가르침을
책으로 변신시킨 산파
여기에 덤까지 얹어서
무봉이란 호까지 지어주었다
한편으로는 쑥스럽고, 또 한편으로는 감동이고
지나친 호사가 아닌가?

"무봉(無縫) – 天衣無縫의 줄임말로 '꾸밈이 없는 모습'
무봉 거사라 칭하고
종종 선문답으로 인생을 통달한" 의미란다
"인생의 본성 그 자체인 것을 자처하며 지내면 좋겠다는 생각이 든다." 라는 의미와 견해의 주석을 덧붙여서 보내주었다

그래, 앞으로 그렇게 철들어가며 살라는
진정어린 친구의 애정이라 생각되어 받아들이기로 하였다

그리고
그렇게 살려고 애를 써봐야지!

어떤 철학자의 말을 빌리면
“친구는 또 다른 나이 인생” 이라는데
참
나라는 놈은 복도 많기도 많은 놈이다

친구 둘을 만났다

친구 둘을 만났다
그래서
마음이 편안하고 즐거운 하루였다
한 친구는
대학교 강단에서 인재 육성을 하고 있는 친구이고
또 한 친구는
유아교육에 정진하고 있는 친구
둘 다 대학 동창이다
이 친구들 앞에서는 그렇다
꾸밀 것도, 체면치레도, 계산도 다 않아도 되는
그저 있는 그대로면 되는 친구들이다
그리고 그 가족을 포함해서
그저 건강하고 행복하게 살아만 주면
더 바랄게 없는 친구들이다
못난 이놈
한 줌 복이 여기에도 있다

내 생애 가장 아름다운 꿈

장마! 오늘까지라고 했다
수리산 숲
버언쩍 조명이 비쳤다
그리고
찌지 직~ 쾅!

그러더니
아주 갑작스레 공연 무대 막이 오르고
안개와 구름이 분위기를 연출했다
후두두 후두두 오케스트라 연주가 시작됐다
고개를 숙인 채 뚜벅 뚜벅
영혼을 빼앗긴 채 꿈을 꾸면서

내가
가장 맑고 밝게 그리고 청순한 죽음을 맞이하는 꿈
마음이 가벼워지고 편안하다
기대되고 기다려지는 마음이 솟구쳤다

그때다
함성이 들렸다
불꽃놀이에 폭죽까지 터트리며

이제 유치원생 다섯 살 박이 꿈
“꼬오옥 그렇게 되는 거야!” 라며
·········

내 생애 가장 아름다운 꿈이다

세월!

엄마 탯줄을 끊고
소우주로 탄생되어
세월의 흐름대로
그렇고 그렇게 지금 이 시점까지
잘도 떠내려 왔다

그런데 이 시점이 어떤 시점이란 것인가
중학교 3년 고등학교 3년
같은 교실에서 수학한 한 녀석이
저 혼자서 좋다고 가버렸다
이제 시작이다
때가 온거다
누가 세월을 탓하랴
대우주의 섭리와 순리에 따라야할 밖에……

그저 소우주에서의 소풍이
낭만적이었고 복이 충만했다고 외치며 가면되지!

모기가 북두칠성을

비가 많은 여름이다
오랜만에 빗방울이 없나 싶은 밤 이였다

아침에 일어났더니
어제 밤에 모기란 놈들이 방문을 하였나 보다
내 허벅지에 북두칠성을 그려놓았다

그냥 되는대로 빨아먹지
무엇하러
북두칠성을 박아놓았을까?

참 힘도 들었겠다.

지금부터 나는 걸어 다니는 박물관이 된 것이다

바보 친구 가 있다
30년 전쯤에 맞춤 수제등산화를 내게 주었다
저는 신을 기회가 없을 듯싶다는 것이다
그러면서,
물건은 임자가 따로 있다나?
또 30년 전에 나를 위해 선물로 사 놓았다며
너스레를 떨었다
그러면서 내게 건넸다
뭐, 나야 좋지만?
저 필요할 때 신으래도 막무가내다
신어보니 내발에 맞춘 듯싶다
친구네 집에서 바로 바꿔 신고 집에 오는 동안
얼마나 좋든지 이리보고 저리보고
주변 사람들이 다 내가 신기했나보다
지금부터 나는 걸어 다니는 박물관이 된 것이다

조물주의 유일한 작품

시계는 고장도 잘 난다
느려지고
빨라지고
서버리고
그래서
시계가 고장이 나면 시간이 엉망이다
그런데
세월의 시계는 단 한 번도
고장 난 적이 없다
그러니까
섣달그믐이 오고
다음날에는 정월 초하루가 온다
인류 역사이래 단 한 번도 고장 나지 않은 시계다
조물주의 유일한 작품이고
삼라만상
제 명이 존재하는 이유이기도 하다

제 6 부

눈도 지각 하나요?

눈도 지각 하나요?

어저께가 춘분이다
오늘은 삼월 스무 이틀,
밤도 낮도 길이가 똑같다는 바로 그날
봄에 들어선다는 입춘은 벌써 지났다
근데 이게 웬 눈!
제철에 내리는 눈송이보다도 한결 크고 탐스럽게 내렸다
한겨울에도
이런 함박눈이 내리는 것을 보지 못한 듯하다

눈도 지각 하나요?

가장 이르게 내린 눈은
어느 해인가
6학년 수학여행을 데리고 갔을 때
경주 석굴암 주차장
한 5분 정도 내린 함박눈이
11월 초순 이였었다.

모자 쓰고 이불 덮은 날

아침 출근 시간
차들이 하얀 모자를 썼다
나무들도 하얀 이불을 덮었다

그러고 보니
어저께가 대설이다
그래도 그렇지

사람들이 서두르니
철도 서두르나보다
빨라야 섣달 하순께나 찾아오는데……

눈

오늘은 삼월 스무나흘이다

이번겨울 끝인가?
올해 겨울 시작인가?
춘분까지 다 지났는데
해 질 무렵 한겨울 눈 내리듯
굵은 눈송이가 펑펑이다
뭇 사람들이 다 제정신이 아니니
하늘님 정신이라고 제정신이겠나 싶다
아이고, 이게 무슨 변이람
나 원 참!

나목

푸르디푸른 옷 걸치고
불볕 태양을 머금고
여름 내내
그렇게 양분을 생산하더니만

가을이 되니
아무런 미련도 두지 않고
그 푸르디푸른 옷을
훌훌 다 벗어 던지고
엄동설한 북풍한설
그 어떤 것도 상관하지 않고
어제도 오늘도
그 자리에 그렇게 서있다
또 내일도 그렇게 서있을 것이다

제 위치를 지키며
그렇게 서있으면서
우주의 섭리대로
순응하며 제 구실을 다하는
나목
나목들
참으로 경이롭다

매화

차디 찬 인고의 세월 보내고
아직은 겨울의 끝자락에서
더 참아내야 할 시점인데
밤사이 부지런히 걸어
새벽 여명의 문을 열고
조금은 부끄러운 듯
수 줍되 수 줍게
살포시 미소를 머금고
다소곳이 고개를 숙인 채로
나를 찾아주었다
질박한 술상 마주하고
주거니 받거니
밀린 얘기 꼬리가 보이질 않는 것은
....
몇 날 몇 밤이고
그렇게 대작을 하다가
그믐날 으스름 달빛이 비추는 때
새벽 여명의 문을 열고
제가 떠나온 소우주로
고이 보내주어야지!

사월이 돌아오겠지!

이제 막 1년이 지났다
그리고 삼월의 끝자락
지난 1년
더듬어보면
머릿속이 하얗다
생각도
느낌도
모두가 속빈 껍질이다

삼라만상 사물이
게으른 기지개를 켠다
망울망울
애기 젖꼭지다
앞날에
꽃동산 만들고
초록 바다 만들
한 가득 부푼 꿈을 간직한
꿈 망울들

삼라만상 사물이 그러하거늘
나 또한

나 본래의
꿈을 틔우는
사월이 오겠지!

하지만 지금은
어느 글쟁이의 소설 “지금은 25시” 가
자꾸만 귓전을 때린다

황매산 철쭉

하늘
땅
그리고 네가 있다
여기 바로 이 자리에
바람
이슬
새
풀벌레에
비취빛 호수까지도
모두가
너를 사랑했나보다
빨간 네 볼이
그렇다고 속삭여준다

진객이 오시다

복 중에서도 중복
더위가 ………
휴~~~
여름의 한 복판을
말도 소리도 없이
불쑥 찾아왔다
반가운 마음에
밤 깊은 줄도 모르고
때 이른 새벽인지도 모르고
때도 시도 없이
그저 그렇게 마주보고 앉아있으면
더위도 상념도 모두 저만치 비켜가 있다
저도 나도 입은 두었다 무엇에 쓰려는지
그냥 눈으로만 주고 받는다
그런데도
무엇이 좋다고
폭염 마다하고 그 먼 길을 찾아왔는지?
소홀함 없이 대접을 잘 해야지!

동백꽃

정월
겨울의 한복판에서
동백꽃 몇 송이가 피였습니다.
그리고는 어느 날
꽃잎은 그냥 그렇게 훌쩍 떨어지고
씨눈만 남겨놓았더라고요
그렇게 만나서
생명을 잉태시키고
또 그렇게 떠나서
소우주(小宇宙)를 생성해냈습니다

봄날에

마음이 봄에 가있음을 샘하듯
바람이 마구 흩트려 놓곤 하면

봄 햇살 안타까웠든지
낙엽 속 솜다리 불러 미소 짓게 하고

흩트려진 마음
솜다리 미소에 끌려 ……

마음이
흐드러진 풀꽃 들녘에 가있음을 시샘하듯
부슬비가 길을 가로막으면

봄 햇살이 안타까웠든지
숲의 싹 불러 더 싱그럽게 하고

흩트려진 마음
숲의 싱그러움에 끌려 ……

봄의 인연은 이렇게 시작이 되었습니다.

사진 박아놓던 음향 이었든가 보다

번쩍!
우르르쾅
후둑 후둑 좌아악~좍

그리고 얼마만큼 뒤에 가 보았습니다

산등성이 오르막 길
넓은 도랑
깊은 도랑

속살까지 다 벗겨져 나가
생살과 앙상한 뼈들만이
제멋대로다

산등성이가 그러하듯

번쩍 우르르 쾅 무슨 소린가 했더니
그게 바로 지금을 사는 군상들의 모습을
사진 박아 놓든 음향이었던가 보다

지금은 시월이네요

그래요
회색빛 낮게 가라앉은 하늘

선율을 타고 누구인가가 앞에 불쑥 나타나
그냥,
그렇게 있어줄 것만 같은,
그래서……

아주
어렸을 적부터의 버릇이라
이제는 ……

하기야
뭐 마음이 채워진다는 게 그리 쉽기야 하겠는 가만은!

올해에도 찾아온 계절이니
내년에도 찾아올 것이고,

또 그냥 그렇게 보내는 거고!

그래요, 가슴이 저리는
그런 시월이어요.

그래봐야 일보 백보구먼……

누런
은행나무
삼복에 머금은
햇살 토하고
배꼽 드러낸 채
배를 쑥 내밀고
이게 나여……

가마 속
불덩어리만큼이나
붉게 달아오른
단풍나무
타는 속 풀어헤치며
그려 실컷 봐
이게 나여……

옆집
함께 자리한
박새 솔새
한 눈 찡긋하고는
히죽히죽
그래봐야 일보 백보구먼……

태풍

성이 머리끝까지 뻗혀서
윙윙

그리고 며칠 후
문안 인사드리려
산등성이에 올랐다

드러누운 솔나무야
너는 왜?

응, 바람이 세차서

드러누운 잣나무야
너는 왜?

응, 바람이 세차서

너는, 너는, 너는 …… 왜?
응, 바람이 세차게 불어서……

모두가 하나다

한 나무 쯤
응, 글쎄 그게 바로 내 뿌리가……!

우리 땅에
뿌리가 박혔으니
숲도 우리 닮았나!

나 웬 참, 참!

차라리 장승이었으면 좋겠다

여늬때와 같이 산길을 오른다

안개비에 젖고
새소리에 젖고
밤꽃향기에 젖고
계곡물소리에 젖고

땀도 한 몫 거들고

젖은 몸
짜지도 말리지도 말고
숲 어디에선가에 그냥 이렇게
서있었으면……

차라리 장승이었으면 좋겠다

□ 시집평

동심과 자연과 순리의 시학

– 김기욱 시인의 시집 『여운이 기–인 메아리가 귀를 노크한다』 –

홍 문 표
(시인 • 비평가 • 전 오산대총장)

김기욱 시인의 첫 시집 『여운이 기–인 메아리가 귀를 노크 한다』를 상재하였다. 정말 반가운 일이다. 요즘 세상을 물신주의라고 한다. 물질을 신처럼 생각하는 세상이라는 뜻이다. 황금을 보기를 돌 같이 하라는 옛 시조도 있고, 안빈낙도란 말도 있고, 마음이 가난한 자는 천국이 저희 것이라는 성경의 말씀도 있지만 요즘은 황금은 황금이고 돌은 돌이다. 아니, 황금이 모든 가치의 중심이 되었으니 돈이 현대의 신으로 등극한 셈이다. 그것이 끝이 아니다. 과학기술도 신으로 등극했다. 요즘은 과학기술이 신을 대신하여 무소불위의 권력을 휘두른다. 이런 세상에는 기존의 종교가 유지되기 어렵고 더구나 감정에 호소하는 정서적 언어인 시같이 나약한 것들이 부지하기란 더욱 힘 드는 것이라는 착각들을 한다.

그러나 세상은 놀랍게도 물신이나 과학기술의 신 못지않

게 영혼을 지배해 온 기존의 신들은 여전하고 정서 감동의 시는 오히려 과학문명 속에서 더욱 빛을 발하고 있으니 웬일일까. 그것은 인간이란 근원적인 존재구조가 과학과 물질을 헤아리는 이성적 기능만 있는 것이 아니라 사물을 보고 느끼고 감동하는 감성적 기능은 물론 영혼의 자유와 평화를 추구하는 영성의 기능도 함께 가지고 있기 때문이다. 따라서 아무리 물질과 과학과 기술이 설쳐 대도 그것은 인간 존재 기능의 일부에 불과하며 감성과 영성의 욕구를 충족하지 못한다면 그는 끝내 정신의 반신불수, 인생의 중요한 부분들을 상실하고 사는 병적 삶이 되고 마는 것이다.

그래서 미래학자 앨빈 토플러는 21세기 지식과 정보사회에서는 더욱 인간들이 신비로운 종교와 명상을 갈망하고 감성적 문화를 선호하게 된다는 예언을 한 일이 있다. 결국 인생은 빵만으로는 살 수 없는 것이며, 기술만으로도 살 수 없는 것, 오히려 그 보다는 삶의 의미와 영혼의 풍요로움을 종교적 삶이나 예술적 또는 시적인 삶에서 찾아야 하는 것이며, 그러기에 현대에서 보람 있고, 행복한 삶은 고도의 문명과 더불어 종교와 시가 함께 어울어지는 삶이어야 한다는 것이 그의 지론이고 또한 필자의 지론이기도 하다.

김기욱 시인은 2011년 2월에 내일의 꿈나무들을 키우는 교육자로 특히 초등학교 교장선생님으로 43년이란 공직에 있다가 명예롭게 은퇴한 분이다. 사실 은퇴란 일평생의 삶에서 대단히 중요한 의미를 갖는다. 공인으로, 사회적 존재로서의 삶을 마감하고 개인으로 돌아오는 자유로운 삶이기도 하지만 어쩌면 사회적 소용가치가 퇴색된 가을날의 낙엽으로 생각할 수도 있기 때문이다. 그러나 백세 시대를 맞아 육십대의 은퇴는

퇴색한 삶이나, 낙조의 삶이 아니라 또 한 번의 삶을 시도할 수 있는 정말 축복의 시간이기도 하다. 우리 사회에서는 이상하게도 정년한 세대들을 실버로 취급한다. 그런데 최근 미국에 가보니 대학에는 두 세대들이 출석하는 것을 보았다. 하나는 영 소사이어티, 젊은 그룹이고, 또한 세대는 르네상스 소사이어티, 인생을 두 번 사는 재생의 그룹, 바로 노년 그룹이다. 젊어서는 생계를 위해 공인으로 살았지만 르네상스 소사이어티는, 생계가 아니라 자기 정체성, 자아실현, 정말 영혼과 육신의 자유로움 속에 세상을 모험하는 멋진 삶을 사는 세대들이다.

김기욱 시인은 2011년 2월에 정년을 하고, 그가 평생 좋아했던 문학을 이제부터 본격적으로 하겠다는 결심으로 문단에 데뷔했다. 그리고는 그동안 써 모은 시들을 정리하여 이번에 『여운이 기-인 메아리가 귀를 노크하며』라는 제목의 시집을 상재하게 된 것이다. 제목부터가 심상치 않다. '여운이 기-인 메아리' , 이는 분명 어떤 의미를 상징적으로 표현한 말이다. 거기엔 뭔가 깊은 사연이 있다. 더구나 그 메아리가 귀를 노크한다고 했다. 노크는 그냥 스치는 음향이 아니라 분명한 의미와 의도를 가진 깨달음이고 발견이다. 어떤 깨달음이고 발견이었을까.

2월 퇴직을 하고
3월 한 달 동안,
머릿속이 캄캄하고 하얗게 됐다
그리고
5월이 가까워지면서
체면에서 풀려났다
동면에서 깨어나는 곰과 같이

아주 느리게 긴 기지개를 켜 보았다
그동안에 걸쳤던 껍데기들을 이제는
훌훌 벗어던지고
나를 찾아 맞춤이 되는 그런 옷을 걸쳐야 한다
이제
한 구멍 한 구멍
어긋나지 않게 단추를 잘 끼워가야 한다고.....
여운이 기~인 메이라가 귀를 노크하다

– 「여운이 기~인 메이라가 귀를 노크하다」 전문

퇴직을 하고나서 한동안 머릿속이 캄캄하고 하얗게 됐다고 했다. 급격한 생활의 변화, 그 충격이 내면적으로 얼마나 큰 것이었나를 짐작케 한다. 그러나 한동안 동면에서 깨고 보니 그 동안에 걸쳤던 껍데기들을 훌훌 벗어 던지게 되었다는 것이다. 그 동안의 공적인 삶, 사회적 존재로서의 삶이 껍데기 같이 느껴졌던 것이다. 그도 그럴 것이 그동안의 삶은 창의적인 삶, 자유로운 영혼의 삶이 아니라, 짜여 진 삶, 주어진 삶, 제도적인 삶이었기 때문이다. 그래서 그러한 타의적 삶을 훌훌 벗어던지고 자율적인 삶, 나를 찾아 맞춤이 되는 삶을 결단하기에 이른다. 그렇다면 이는 삶의 후퇴나 쇠락이 아니라 알에서 깨어나듯이 새롭게 비약하는 가치 있는 삶이 되는 것이다. 그런데 자아에 충실한 삶은 무엇일까. 그것은 한 구멍, 한 구멍, 어긋나지 않게 단추를 잘 끼우는 삶이다. 이것이 바로 시인의 귀를 노크한 기-인 메아리였던 것이다. 그렇다면 이번 시집은 바로 그의 귀를 노크한 메아리에 대한 시적인 응답일 것이다.

김기욱 시인은 이번 시집을 6부로 나누어 제 1부에서는 동심의 세계를 드러낸 동시들의 모음이고, 제 2부는 여행을 통해 본 자연의 세계, 3부는 사랑하는 아내와 가족들의 이야기, 제 4부는 자신에 대한 이야기, 제 5부는 우정과 현실, 제 6부는 계절 속에 드러난 자연의 노래로 되어 있다. 그러나 이 시집 전제를 흐르고 있는 시인의 주제는 다음 몇 가지로 나누어지고 있음을 보게 된다.

첫째는 동심의 시학이다. 김기욱 시인은 어린이들 교육에 일생을 보냈다. 따라서 어린이에 대한 관심이 남다를 수밖에 없다. 그러나 어린이에 대한 관심이 있다고 모두 동시를 쓸 수 있는 것은 아니다. 어린이에 대한 관심은 물론 시적 상상력을 구사할 수 있는 능력이 있어야 하기 때문이다.

햇살이 퍼지고
열린 교문으로
아이들은 하나 둘

이 때 쯤이면

빨간 벽돌집
스레트 용마루 위에
한 줄로 늘어선 근위병들이

배꼽을 쥐고 뒹군다

– 「아디들과 비둘기 1」 에서

화단가 밀밭 길
이른 아침

등교하다 말고
발길을 멈춘다
무엇하나 보면
참새와 눈싸움을 한다
그러다가
꾸러기가
무어라 쫑얼쫑얼
그러면
메롱~ 눈곱도……
아~ 너 죽을래, 팔 휘두르면
매롱~ 푸드득~

–「어린이들과 참새」에서

넓디넓은 운동장에 하얀 요를 깔아놓았다
그것도 아주 두툼한 요를,
요 위에서 신나는 것은 아이들뿐이다
혼자서 떼굴떼굴 구르는 아이들
눈 사람을 만드는 아이들
핸드폰에 설경을 담는 아이들
이글루를 짓고 있는 아이들
아이들, 아이들, ……
아이들과 눈은 한통속이고
아이들이 아이들로 태어나는 때이다
새하얀 눈을 닮은 아이들 !

–「아이들이 아이들로 태어나는 때이다」에서

아침 출근 시간
차들이 하얀 모자를 썼다
나무들도 하얀 이불을 덮었다

그리고 보니
어저께가 대설이다
그래도 그렇지

사람들이 서두르니

철도 서두르나보다
빨라야 선달 하순께나 찾아오는데……

–「모자 쓰고 이불 덮은 날」에서

「아이들과 비둘기」에서 보면 김기욱 시인의 동심은 햇살과 아이들과 비둘기들이 어우러지는 세상이다. 아침 햇살이 비치는 빛나는 아침에 등교하는 아이들과 스레트 용마루에서 근위병처럼 열병하고 있는 비둘기들, 그러나 모두가 배꼽을 쥐고 뒹구는 자유롭고 천진한 세계다. 이는 「어린이들과 참새」에서도 그렇다. 여기서는 참새들과 어린이들 서로 눈싸움을 하고 농담도 하고, 장난을 친다. 어린이들에게는 새들하고도 계급이 없고 차별이 없다. 어린이가 참새고, 참새가 어린이다.

「아이들이 아이들로 태어나는 때이다」에서는 아이들이 정말 아이들이 되는 것은 눈이 내렸을 때라는 동심의 발견이다. 특히 눈이 내린 운동장을 "운동장에 하얀 요를 깔아 놓았다"라는 말이 실감난다, 운동장, 하얀요, 어린이, 이것은 어린이와 자연, 자연 중에서도 특히, 순백의 자연이 어린이답고, 그래서 눈이 오면 어린이들은 더욱 어린이다워진다는 말은 오늘날 문명의 도구들로 순수한 동심을 상실한 어린이들 세계에 시사하는 바가 크다. 그런데 이러한 동심은 결코 어린이 세대에만 적용되는 것이 아니다. 「모자를 쓰고 이불 덮은 날」에서는 차들이 하얀 모자를 쓰고 나무들도 하얀 이불을 덮었다. 하얀 동심은 문명을 대표하는 차에서도 자연을 대표하는 나무들에게도 분명한 메시지가 되고 있는 것이다. 따라서 김 시인의 동심은 순백의 눈으로 더욱 선명해지고, 그것은 어린이들 뿐만 아니라, 기성인, 문명, 자연 그, 모두에게 요구되는 순수성의 메시자가 되고 있다.

둘째는 자연의 시학이다. 자연이란 무엇인가. 자연은 인간에 의해서 만들어진 것이 아니다. 그렇다고 스스로 만들어진 것도 아니다. 자연은 오직 신에 의해서 조물주에 의해서 만들어졌다. 인간에 의해서 만들어졌다면 그것은 불공평할 수밖에 없고 스스로 만들어 졌다면 무질서하지만 조물주 신에 의해서 만들어 졌기에 역시 자연은 질서가 있고 순수가 있고, 아름다움이 있는 것이다.

하늘
땅
그리고 네가 있다
여기 바로 이 자리에
바람
이슬
새
풀벌레에
비취빛 호수까지도
모두가
너를 사랑했나보다
빨간 네 볼이
그렇다고 속삭여준다

– 「황매산 철쭉」 전문

정월
겨울의 한 복판에서
동백꽃 몇 송이가 피였습니다
그리고는 어느 날
꽃잎은 그냥 그렇게 훌쩍 떨어지고
씨눈만 남겨 놓았더라고요
그렇게 만나서

생명을 잉태시키고
또 그렇게 떠나서
소우주(小宇宙)를 생성해냈습니다

— 「동백꽃」 전문

오월의 꽃무리가 한물지더니
유월, 밤꽃의 계절
온산이 밤꽃 향기에 흠뻑 젖었다
정액, 그 독특한 향에 취한
온갖 산새가 사랑 놀음에 빠져들었다
그것도
백주대낮 길가에서
내가 지나가도 알아채지도 못하고
엎치락뒤치락……
헛기침을 하여도 본숭만숭
그냥 좋기만 하다
내 가슴마저도 콩닥콩닥

그놈의 밤꽃향기에 미친 산 !

— 「그놈의 밤꽃향기에 미친 산 !」 전문

아침 문학산 숲
생강나무는 모두가 노랑병아리다
진달래는 참새 눈알만큼 이고
어떤 놈은 언년이 젖꼭지다
똑똑똑……
누굴 깨우는 소리였나 했더니
바로 생강나무와 진달래
잠 깨우는 소리였나 보다

잎눈이 터져 새 혓바닥만큼씩
잎 새가 돋아났다

똑똑똑
누굴 깨우는 소리였다 했더니
찔레나무
이름도 모르는 키 작은 나무들
잠 깨우는 소리였나 보다

내 발자국 소리에……?

–「똑똑똑……」에서

「황매산 철쭉」을 보면 철쭉 한 송이에도 자연의 섭리가 있다는 것이다. 빨간 네 볼을 보면 바람, 이슬, 새, 풀벌레, 호수들까지도 너를 사랑했기에 그렇게 붉은 얼굴을 하고 있다는 것이다. 자연은 그렇게 철저히 어우러져 산다. 따라서 자연은 홀로 존재하는 법이 없다. 인간은, 문명은 서로를 분리시키고, 분열시켜 투쟁을 하는데 자연은 더불어 공생공영한다는 것이다. 「동백꽃」에서는 자연의 영원성이다. 자연은 생명에서 생명으로 이어지는 무한한 생명력이다. 그것을 생명력이라고 해야 하겠는데 그러한 생명력도 역시 서로 어우러짐에 있었다. 「그놈의 밤꽃 향기에 미친 산」을 보면 밤꽃 향은 온 산을 흠뻑 젖게 만들었고, 미치게 만들었고, 산새들은 사랑놀이에 빠져 들어 온 천지가 사랑놀이로 가득하다. 합력하여 선을 이룬다는 말처럼 자연은 사랑을 합력하여 계속 생성의 생명을 잉태한다. 이러한 원리는 「똑똑똑」에서도 그렇다. 세차게 요동치는 밤을 겪고서야 생각나무는 노랑병아리를 깨고, 진달래는 참새 눈알만큼, 어떤 놈은 언년이 젖꼭지로 돋아난다. 모두가 탄생의 신비로움이다.

세 번째로 결국 순리의 시학이다. 자연이 그렇듯이 인생살이도 자연의 순리를 따르는 것이다. 그것은 바로 신의 섭리를 따르는 것이기도 하다. 순천자는 존하고 역천자는 망한다는 말처럼 하늘의 뜻을 거역하면 멸망이지만 하늘의 뜻에 따르면 복이 온다. 자연이 서로 어우러져 공생공영하듯이 인생도 아내와 가족들과 자연과 사랑으로 공생공영하는 것이며 세상과도 더불어 상생하는 것이다.

그러니까
예순 하고도 네 해 전 어느 따스한 초봄에
삼신 할매가
세상에 나가 살아보라고 그래서
그냥 '네' 하고
보내준 대로 와서 살았지요.

그리고는
남들 크는 대로 컸고
남들 배우는 대로 배웠고
그래서
추울 때 추운 것을
더울 때 더운 것을
따뜻할 때 따스함을
맑고 싱그러울 때는 청량감을 알게도 됐고
– 「보내주더라고요 그래서 그냥 살았거든요」에서

시계는 고장도 잘 난다
느려지고
빨라지고
서버리고
그래서
시계가 고장이 나면 시간이 엉망이다
그런데
세월의 시계는 단 한 번도

고장 난 적이 없다
그러니까
섣달그믐이 오고
다음날에는 정월 초하루가 온다
인류 역사이래 단 한 번도 고장 나지 않은 시계다
조물주의 유일한 작품이고
삼라만상
제 명이 존재하는 이유이기도 하다

– 「조물주의 유일한 작품」 전문

푸르디푸른 옷 걸치고
불볕 태양을 머금고
여름 내내
그렇게 양분을 생산하더니만

가을이 되니
아무런 미련도 두지 않고
그 푸르디푸른 옷을
훌훌 다 벗어 던지고
엄동설한 북풍한설
그 어떤 것도 상관하지 않고
어제도 오늘도
그 자리에 그렇게 서 있다
또 내일도 그렇게 서 있을 것이다

제 위치를 지키며
그렇게 서 있으면서
우주의 섭리대로
순응하며 제 구실을 다하는
나목
나목들
참으로 경이롭다

– 「나목」 전문

「보내주더라고요 그래서 그냥 살았거든요」 참으로 지당한 말이다. 인간은 스스로 태어나는 것이 아니라 누군가가 생명을 점지해주고, 한동안 지상에서 살라고 허락하였기에 잠시 지상에 머물다 가는 것이다. 잠시 머문다는 것이, 인간의 시간, 지상의 시간으로는 1백년을 헤아릴 수 있지만 우주적 시간으로 보면 찰나적 시간이다. 그저 섬광처럼 번쩍하는 시간, 그 짧은 시간을 우리는 지상에 던져진 것이다. 그러나 비록 섬광같은 시간이지만 이 지상에 던져졌다는 사실만으로도 얼마나 기막힌 축복이고 기적인가. 그 소중한 시간을 내 힘으로 해봐야 되지도 않는 것을 그래도 발버둥치는 것이 인생의 어리석음이다. 이를 일찍이 깨닫고 순리대로 사는 것, 그것이 바로 현명한 처신이다. 시인은 삼신 할매가 세상에 나가 살라 했기에 '예' 하고 나와 살았고, 남들 크는 대로 컸고, 남들 배우는 대로 배웠고, 춥고, 덥고, 따뜻하고, 청량함도 그냥 순리에 따라 알게 되었다는 것이다. 내 스스로 살려고 발버둥쳐 봐야 그것은 고장 난 벽시계 같은 것, 인생이 만든 인위적인 시계는 늘 한계가 있지만 우주적 시간은 영원히 불변하다. 아니 엄숙하다. 그것이 우주적 질서다. 「조물주의 유일한 작품」이다. 그러니 헛된 망상을 버려라.

그렇다면 어떻게 살 것인가. 나무처럼 사는 것이다. 「나목」을 보아라. 여름엔 푸르디 푸르고, 가을엔 모든 것을 내 던지고, 겨울엔 알몸으로 서 있는 것, 그것이 인생이다. "제 위치를 지키며/ 그렇게 서 있으면서/ 우주의 섭리대로/ 순종하며 제 구실을 다하는/ 나목/ 나목들/ 참으로 경이롭다" 인생도 이 나무처럼 우주적 섭리에 순응한다면 참으로 경이로운 존재가 될 것이다.

이처럼 김기욱 시인의 이번 첫 시집은 정년 이후 르네상스 소사이어티라는 화려한 후반기 인생을 시작하면서 동심의 시학, 자연의 시학, 순리의 시학 이라는 시적 상상력을 통하여 아름답고 넉넉한 서정시의 꽃밭을 마련하였다. 앞으로 더욱 풍요롭고 빛나는 시학의 꽃밭이 되기를 기원한다.

무봉 김기욱 시집

여운이 기~인 메아리가
귀를 노크하다

2012년 12월 10일 인쇄
2012년 12월 13일 발행

지은이 김 기 욱
펴낸이 신 용 호
펴낸곳 창조문학사

서울 서대문구 홍은동 397-26 동천아카데미 5층
등록번호 제1-263호
전화 02-374-9011 / FAX 02-374-5217

공급처: 한국출판협동조합 전화 02-716-5619~9

값 8,000원
ISBN 978-89-7734-333-7